PAR QUI FUT LIVRÉ
LE GÉNÉRAL PICHEGRU

D'APRÈS DES DOCUMENTS ENTIÈREMENT INÉDITS

PAR

M. Léonce GRASILIER

PARIS
LIBRAIRIE LUCIEN DORBON
6, rue de Seine (VIe)

1906

PAR QUI FUT LIVRÉ

LE GÉNÉRAL PICHEGRU

D'APRÈS DES DOCUMENTS ENTIÈREMENT INÉDITS

PAR

M. Léonce GRASILIER

PARIS

LIBRAIRIE LUCIEN DORBON

6, rue de Seine (VIe)

1906

PAR QUI FUT LIVRÉ

LE GÉNÉRAL PICHEGRU

D'après des documents entièrement inédits

Dans une très remarquable et très substantielle introduction à la *Correspondance du duc d'Enghien*, le comte Boulay de la Meurthe a raconté la genèse de cette phase de la conspiration anglo-royaliste, plus connue sous la dénomination de « Complot de Georges » ; aussi ne reviendrons-nous pas sur les origines de cette affaire, notre intention étant uniquement de produire des documents authentiques qui vont éclairer d'un jour tout nouveau l'épilogue, c'est-à-dire l'arrestation des conspirateurs et particulièrement celle de Pichegru, en faisant connaître les deux personnages qui, par leurs menées, ont vendu et livré le général.

Jusqu'ici, on a rejeté tout l'odieux de cette opération sur un seul individu appelé par tous les historiens *Leblanc*, mais de nouvelles et minutieuses investigations dans les archives de la Police nous ont permis d'établir que cet homme, que l'on a toujours cru être l'auteur responsable de l'arrestation du général Pichegru, n'était, somme toute, qu'un agent secondaire, un simple instrument aux ordres d'une police plus ou moins occulte, tandis que la responsabilité entière devait être rejetée sur un personnage important dont l'histoire a jusqu'ici *ignoré le rôle et le nom.*

Nous nous contentons, aujourd'hui, d'exposer provisoirement, d'une façon sommaire, à l'aide de documents absolument inédits, l'identité et le rôle de chacun de ces hommes, et de rectifier un point de cette histoire si complexe des conspirations contre la personne du Premier Consul.

*
* *

Lorsque la police particulière de Bonaparte fut bien au courant des relations du général Pichegru à Paris, lorsqu'elle l'eut, sans qu'il s'en doutât, guidé et conduit à sa guise chez tous ceux qu'il voulait voir, ou qu'elle voulait compromettre, elle l'amena rue Vivienne, chez le négociant Treille, homme de nulle importance à tous les points de vue politiques. C'est là que, selon un plan prémédité, le nommé *Leblanc* le prit, l'installa chez lui sous clef, et finalement le livra à la police militaire.

Ce *Leblanc* ne profita nullement, comme on le croit, d'une circonstance fortuite et ne fut pas un traître de hasard. C'était au contraire un professionnel, un vieux policier, non pas de grande envergure, mais un de ces individus qu'en terme officiel on appelle des « observateurs », et que le public qualifie plus énergiquement du nom de « mouchards » Depuis l'an IV [1], cet homme avait servi toutes les polices, tantôt au Bureau Central du Canton de Paris, tantôt au Ministère de la Police générale, ou bien encore dans ces polices occultes comme celle de l'ancien inspecteur fructidorisé Dossonville, ou bien, plus récemment, dans celle de Davout, agissant sous l'inspiration immédiate de Bonaparte. D'où vient-il? Nul ne le sait. Il passe pour courtier d'affaires, courtier de change, il va et vient entre Paris et Hambourg, pour négocier des valeurs sur ces deux places. A la ville, on l'appelle *Leblanc*, et *Montfort* dans les bureaux de la Police générale [2]; les uns disent que c'est un ancien chouan, et d'autres que c'est un émigré [3]. C'est un homme de taille moyenne, âgé d'une trentaine d'années, aux cheveux et à la moustache noirs, à l'œil gris avec un nez très fort [4]. Son quartier général est au café Hardy, sur le boulevard des Italiens [5]. Il fréquente particulièrement des « femmes

[1] AULARD : *Paris sous le Directoire;* passim.
[2] Rapport du 29 fructidor an VII.
[3] Note de Demarest en marge d'un rapport de l'an IX.
[4] Signalement de l'an IX et passeport de l'an XII.
[5] Rapport de l'agent secret n° 31.

d'affaires », de celles qui se chargent de toutes sortes d'affaires et qui, tout en offrant aux autres les moyens de sortir d'embarras, meurent elles-mêmes de faim [1]. Ce n'est assurément pas dans ce milieu qu'il doit trouver de quoi vivre, tout au moins il faut qu'il ait par ailleurs des ressources secrètes, et la délation, cette vertu essentiellement révolutionnaire, les lui procure.

Leblanc fait de la police par besoin, peut-être par instinct, mais il est incapable de machination, il ne devine même pas celles dans lesquelles il joue un rôle. Dans l'affaire du général Pichegru, il n'a peut-être été initié qu'au dernier moment, dès que celui-ci fut introduit chez Treille. Alors Leblanc, qui appartenait à la police de Davout, ou à celle de la place de Paris, reçut un rôle qu'il joua supérieurement et toucha la prime de cent mille francs.

*
* *

Dès le lendemain de l'événement, son nom était connu de tout Paris, et bien que les journaux aient annoncé que le nommé Leblanc fût en fuite et *traqué par la police* [2], Leblanc, sans vergogne, voulut continuer son train de vie; il revint à la Bourse, mais, reconnu, il fut hué, malmené et obligé de s'éloigner devant la réprobation générale.

Les documents suivants font connaître ce qui advint alors et nous révèlent le nom véritable de cet homme que l'histoire appelle Leblanc, et qui, en réalité, se nommait *Blanc-Montbrun*, et était originaire de la Savoie.

Le général en chef, gouverneur de Paris,
Au citoyen Réal, conseiller d'État [3]

Au Gouvernement de Paris, le 15 ventôse an XII.

Le Premier Consul a décidé, citoyen conseiller d'État, que le citoyen B.... serait envoyé en mission à Hambourg; il m'a chargé de vous dire de lui présenter ce soir une commission à signer à cet effet. Le citoyen B.... désire voyager sous le nom

[1] C'étaient notamment la dame Dupui et la comtesse du Touchet.
[2] *Journal de Paris*, 12 ventôse an XII.
[3] Spécialement chargé de l'instruction des affaires concernant la sûreté de l'État.

de *Montebruni*, négociant. Je vous demande prompte exécution de cette affaire, car le pauvre diable n'ose plus se montrer et n'attend que des ordres pour se mettre en route. Je vous recommande de le bien traiter sur l'article finance, bien persuadé qu'il en fera bon usage.

Je vous salue. J. MURAT.

Voici la réponse à cette lettre :

POLICE GÉNÉRALE
3e division
Police secrete
N° 8170

Au Général en chef gouverneur de Paris

Paris, le 17 ventôse an XII.

GÉNÉRAL,

J'ai l'honneur de vous adresser le passeport que vous désirez pour le citoyen *Montebruni* [1]. Je vous prie de le lui faire remettre en le faisant remplir. Le Grand Juge, Ministre de la Justice, a autorisé le caissier de son ministère à lui compter la somme de *deux mille huit cent vingt-huit livres*, tant pour son traitement pendant deux mois que pour ses frais de route [2]. Il devra, en conséquence, se présenter à la caisse du ministère pour toucher cette somme; dans le cas, cependant, où il ne voudrait pas s'y rendre lui-même, il pourrait y envoyer sa quittance, le caissier payera sur cette pièce, au moyen de ce que celui qui en sera porteur lui présentera le billet cy-joint [3].

J'ai l'honneur.... *(Minute.)*

Blanc-Montbrun, sous le nom italianisé de Montebruni, partit sans retard pour Hambourg. C'était une maladresse, car il était depuis longtemps connu dans cette ville sous le nom de Leblanc [4]. Comment pourrait-il s'y faire admettre sous celui de Monte-

[1] Ce passeport, en date du 20 ventôse porte, outre le signalement dont nous avons fait mention plus haut, que le citoyen *Montebruny*, profession de négociant, est *natif de Chambéry*, département du Mont-Blanc — il est délivré par la préfecture de police et signé de Piis, secrétaire général.

[2] Les frais de route de Paris à Hambourg par Wesel étaient calculés à raison de 202 postes.

[3] C'est un ordre de paiement.

[4] Rapport du 4 vendémiaire an X.

bruni? mais dans sa hâte de fuir, il n'avait pas réfléchi aux conséquences de sa détermination, conséquences qui ne tardèrent point à se produire, ainsi que l'annonce la lettre suivante :

Le Ministre plénipotentiaire de la République française près le Cercle de la Basse Saxe,

Au Citoyen Réal, conseiller d'État chargé de l'instruction et de la suite de toutes les affaires relatives à la sûreté intérieure de la République.

Hambourg, ce 19 germinal l'an XII.

CITOYEN CONSEILLER D'ÉTAT,

Informé que vous êtes particulièrement chargé de la recherche des complots dirigés contre le Premier Consul et contre la sûreté de l'État, j'ai l'honneur de vous informer discrètement d'un fait qui s'y rapporte.

Un Français, portant le nom de *Montebruni*, s'est présenté chez moi pour faire viser son passeport, à cause, dit-il, des circonstances actuelles. On est venu m'avertir que ce Montebruni n'était autre que le nommé *Leblanc*, qui a donné retraite à Pichegru. Je sais, d'une part, que cet homme a fait un récit de sa fuite de Paris et, de l'autre, qu'il est muni d'une lettre de crédit de 90,000 francs de la maison Récamier sur la maison Chapeaurouge. J'ai fait prendre une copie calquée de son passeport, dont la forme, en effet, s'écarte de celle des passeports qui se délivrent ordinairement à la Préfecture de police. Il m'a dit, à moi, qu'il comptait passer cinq ou six mois à Hambourg, à d'autres que son intention était de partir pour les Iles, à d'autres encore qu'il se rendrait en Hanovre.

Il a jugé à propos de prendre un logement vis-à-vis de ma maison. Dans cet état de choses, il m'a paru que mon devoir se bornait à surveiller cet individu en attendant que vous veuilliez bien me transmettre des instructions à cet égard.

J'ai l'honneur....

REINHARD.

Ainsi le policier passait pour un complice de sa victime et s'exposait à de cruelles mésaventures, mais la protection ne devait tarder à lui arriver; en effet, Reinhard reçut du ministère cette réponse propre à calmer toutes ses inquiétudes :

POLICE SECRÈTE *Le Grand Juge, Ministre de la Justice*

Au Citoyen Reinhard, ministre plénipotentiaire, etc., à Hambourg

Paris, le 6 floréal an XII.

Je vous préviens, Citoyen Ministre, que d'après vérification faite dans les bureaux de mon ministère, le passeport de *M. de Montebruni, négociant,* est en règle.

Ce citoyen, qui est courtier ou faiseur d'affaires, *est connu, ici, sous des rapports qui ne lui sont pas défavorables.* Il est, comme tout Français porteur de passeport, sous la protection des agents de la République à l'étranger, et d'après les impressions que vous m'annoncez être répandues à son égard, il pourrait être dans le cas d'avoir besoin d'une protection particulière que je vous prie de lui assurer.

J'ai l'honneur, etc. (*Minute.*)

Quel résultat eut cette protection spéciale, qu'advint-il à Blanc-Montbrun? — aucun rapport ne nous le fait connaître. — Mais le 18 messidor de la même année, le maréchal Moncey, premier inspecteur de la gendarmerie, informait la Police générale que : « dans une lettre à lui écrite, il a appris que la police de Strasbourg a été prévenue qu'un nommé *Montebruni* devait bientôt s'y rendre avec des lettres de change d'Hambourg pour une somme d'environ *cent mille francs,* sur la maison de MM. Turkeim, banquiers de cette ville. Ce Montebruni était le 20 prairial dernier à Francfort : « il sera observé de près lorsqu'il viendra toucher son argent à Strasbourg, » ajoute le maréchal.

A partir de cette date, du 18 messidor an XII, c'est-à-dire 7 juillet 1804, nous ne trouvons plus trace de *Leblanc,* alias *Blanc-Montbrun,* alias *Montebruni.* Passa-t-il *aux Iles,* ainsi qu'il le disait? cela est fort probable et c'est peut-être de lui dont il est question dans une lettre à M. de Blacas, ministre de la maison du roi et datée des premiers jours de 1816, par laquelle Mme Blanc, religieuse à l'hôpital de Gap, supplie ce ministre de permettre le retour de l'exilé, et joint à sa lettre deux billets de cent francs pour aider à l'embarquement. Depuis Leblanc aurait de nouveau servi la police, car ces sortes d'individus, comme le chien de la Bible, reviennent toujours à leur vomissement. Dans tous les cas, Blanc ou Montebruni ne saurait être le père de cet officier victime, en 1815, d'une similitude de nom. Ce Leblanc était fils d'un brave octogénaire habitant Grenoble — or Leblanc, qui livra Pichegru, n'avait guère plus de quarante-six ans lors de cette triste méprise. C'est encore une légende bonne pour les amateurs de mélodrames.

* * *

Le personnage mystérieux dont nous parlions en commençant, le véritable auteur de la machination qui conduisit le général Pichegru à sa perte et au suicide, n'était pas comme *Leblanc* un besogneux, un mouchard de profession; c'était un policier amateur, un homme dans l'aisance qui possédait une maison à Paris, rue Saint-Florentin, et quelques biens dans son pays; il se nommait *François-Xavier-Désiré Joliclerc*[1]; aucun historien n'a parlé de lui[2], son nom est resté ignoré, même de ses compatriotes, et cependant cet homme joua un rôle, il remplit des fonctions publiques, il occupa la pensée de Napoléon à une heure où les revers et les embûches suscitaient à l'empereur de cruels soucis[3].

Désiré Joliclerc était un homme fort intelligent et très instruit; jadis, il avait été professeur chez le savant abbé Gauthier[4], inventeur d'une méthode d'enseignement qui eut un long succès. Tout en lui, au physique, dénote l'énergie, la volonté, l'audace et la ruse. C'est un homme de cinq pieds six pouces, ses yeux petits et vifs luisent sous son front bombé; un nez pointu et accentué dans sa ligne indique l'astuce, tandis que son menton carré et fort révèle sa ténacité, sa tête est petite et coiffée à la Titus, il est bien « corsé, » bien fait, et ses membres

[1] Il était né le 28 avril 1770 à Bief-du-Fourg, département du Jura, et fut baptisé le 29, dans l'église de Mignovillars; il était fils de Jean-François Joliclerc, laboureur, et de Jeanne-Antonie Poulet.

[2] Sauf le comte de Martel dans ses *Historiens fantaisistes*, mais sans rien comprendre à son rôle.

[3] A Leipzig, Napoléon écrit : «.... il me faudrait ici un homme comme Joliclerc ».

[4] D'après les notes envoyées par de Vassan à la Police générale.

sont forts. Rien ne semble étonnant d'un pareil personnage [1].

Depuis la fermeture des cours de l'abbé Gauthier, jusqu'en 1802, c'est-à-dire pendant toute la Révolution, qu'avait-il fait? il nous a été impossible de le savoir encore. Nous le voyons apparaître sous un faux nom en l'an X, après la paix d'Amiens, A cette date, il passe en Angleterre avec un policier de marque, M. de Laubépie, qui va à Londres sous un prétexte purement commercial, mais en réalité pour observer les émigrés. Joliclerc, lui, fréquente ouvertement les royalistes exaltés, les irréconciliables, les gens qui rêvent complots, attentats, tous les hommes de la bande à Georges Cadoudal. Il se charge de leurs commissions pour Paris et si l'envie ou la nécessité les y appellent un jour, il leur offre l'hospitalité dans sa maison, dont il leur réserve tout un étage. Il est fort bien, entre autres, avec Rochelle, qui lui confie des lettres pour Mme Dumesnil [2].

Rentré à Paris, il retrouve son camarade Victor Couchery et lui apporte des nouvelles de son frère, l'ancien représentant, réfugié à Londres et l'un des rédacteurs du *Courrier*. Victor est un ami d'enfance, presque un compatriote, ils ont été ensemble professeurs chez l'abbé Gauthier, il est employé dans les bureaux du général Moncey, premier inspecteur de la gendarmerie et chargé de la police militaire. Dans cette place, qu'il ne gardera pas longtemps du reste, Couchery est à même de connaître beaucoup de choses, dont il s'empresse d'aviser son frère, mais Joliclerc lui en apprend bien davantage, car il a des relations très étendues. Si l'on pouvait trouver l'introuvable *Courrier de Londres*, on y verrait très probablement des nouvelles de France fort tendancieuses et très suggestives, qui avaient pour origine le cabinet même de Davout, aux Tuileries, car Joliclerc fréquentait aussi bien là, avec Rovigo, qu'à la rue des Saints-Pères, avec Desmarest, chef de la haute police, et le Premier Consul ne dédaigna pas de s'entretenir avec lui.

Par Joliclerc s'accréditaient à Londres des nouvelles déjà venues par d'autres voies. Tout allait mal en France, on en avait assez de la tyrannie de Bonaparte qui voulait se faire proclamer empereur d'Occident; plus que le peuple, l'armée était mécontente; au fond, la nation désirait son roi. A Londres, on fai-

[1] Signalement de floréal an XII.
[2] Voir l'affaire des faux billets de banque; an X.

sait projets sur projets, les moindres nouvelles redoublaient les espérances, augmentaient les illusions. Plus que les rêveries de l'abbé David, plus que les fantaisies de Fauche-Borel, les nouvelles venues par le canal des frères Couchery, ses compatriotes, eurent le don de persuader Pichegru, qui se laissa entraîner dans la machination de Georges Cadoudal et du comte d'Artois.

Quand on sut par Querel et surtout par Picot, le secret de la conspiration, Joliclerc, qui connaissait Pichegru et une grande partie des conspirateurs, fut naturellement chargé de les trouver, de les épier; par son astuce il arriva, qui pis est, à les guider pour mieux les observer et les livrer. Couchery était pour lui un instrument précieux plus ou moins inconscient[1], ce dont la justice tint compte à ce dernier d'une façon très évidente. Lorsque l'heure arriva, lorsque Pichegru, les Polignac, Rochelle et bien d'autres eurent, par leurs allées et venues, fait connaître leurs complices, leurs partisans, Joliclerc, qui avait tenu tous les fils, laissa à la police le soin de l'exécution.

La preuve de cette action se trouve dans nombre de notes parmi les dossiers de l'affaire Georges ; mais ces notes, trop souvent énigmatiques, se comprennent aisément quand on en a la clef, et cette clef, nous l'avons par la connaissance même de cet homme mystérieux qu'est Joliclerc, dont nous avons l'aveu et que la police elle-même protège d'une façon évidente. En effet, lorsque tous les membres de la conspiration furent tombés entre les mains de Réal, le *Moniteur* annonça que le complice de Victor Couchery, un nommé *Joncler*, était en fuite, mais qu'on ne tarderait pas à le reprendre. C'était le même procédé employé à l'égard de Leblanc pour arriver au même but. Mais ce qui ne réussit pas pour l'un, réussit pour l'autre, qui passa à Londres, fit un récit spécial de l'arrestation de Pichegru, et devint *persona grata* auprès des princes et des royalistes, ce qui lui était absolument nécessaire pour continuer sa mission occulte.

La lettre suivante fera pleine lumière sur les actes de ce curieux personnage, — on doit y ajouter foi, car elle est écrite en toute franchise au seul homme capable d'en connaître toute la véracité, et à qui son auteur ne se serait pas hasardé d'écrire des contre-vérités.

[1] « Victor a supérieurement servi dans l'affaire de la Dumenil ». Note à Desmarest.

Le Commissaire général de police de Gênes[1]
à S. M. l'Empereur

Gênes, 24 juin 1812.

Sire,

L'homme qui, sans vouloir d'un argent qui l'aurait sali et par l'amour le plus pur pour votre auguste personne, a renoué tous les fils lors de la conspiration de Moreau et de Pichegru, qui en a fait arrêter presque tous les principaux coupables et qu'à ladite époque vous avez daigné entretenir avec une extrême bonté;

L'homme qui ensuite, par le zèle que Votre Majesté peut seule inspirer, est allé s'exposer, non pas à un trépas glorieux et pendant quelques heures comme à une bataille, mais à une mort ignominieuse et pendant plusieurs mois; que vous avez nommé à cette occasion *le voyageur d'Husum*[2] en marquant de l'intérêt pour les dangers manifestes qu'il courrait; qui a rapporté de Londres des lumières qu'on a bien voulu trouver importantes;

L'homme qui, encore en exposant doublement sa vie, enleva peu après, sur territoire étranger, un courrier du cabinet anglais dont les dépêches rassurèrent complètement sur les projets de l'ennemi à l'époque de votre couronnement et dont la médaille vous fut portée à Fontainebleau par le ministre de la police émerveillé de ce coup d'adresse et d'audace;

L'homme que vous emmenâtes ensuite en Italie lors de votre couronnement à Milan, qui se jeta, non sans péril, au milieu des intrigants et des agents de l'ennemi à la ci-devant Cour de Naples, à Rome, à Venise, à Trieste, etc., et dont vous daignâtes agréer les rapports qui vous parvenaient par l'intermédiaire du duc de Rovigo;

[1] Joliclerc, en récompense de ses services, fut nommé à cette place le 13 thermidor an XIII; le rapport de Fouché à l'Empereur à l'appui du décret porte ces seuls mots : « Commissaire général de police à Gênes : M. Joliclerc, propriétaire, bien connu de Votre Majesté. » Cette simplicité en disait long.

[2] On trouve dans la *Correspondance de Napoléon* nombre de lettres qui font mention dudit voyageur, notamment en fructidor an XII, en vendémiaire, brumaire et frimaire an XIII.

Husum, port important du Schleswig-Holstein, sur la mer du Nord, était le point unique de communications entre les émigrés royalistes du continent et ceux résidant en Angleterre; c'était par là que passaient les émissaires du comte d'Artois allant à Mittau où résidait le comte de Provence.

L'homme que vous nommâtes alors commissaire général de police à Gênes (13 thermidor an XIII ou 1er août 1805), mais à qui vous ordonnâtes cependant de vous suivre à Boulogne-sur-Mer pour partager l'honnour de la descente en Angleterre ;

Cet homme qui, après la déclaration de guerre de l'Autriche, au lieu de venir de Boulogne-sur-Mer à Gênes occuper sa place, fut assez heureux pour être désigné par Votre Majesté pour la suivre en Allemagne et partager la gloire de la campagne d'Austerlitz ; qui à cette occasion parcourut la Prusse, la Pologne et, affrontant les dangers, fut le *premier* à voir les Russes, à habiter au milieu de leur armée, à la compter, *à en procurer une partie des contrôles*, etc. [1] ;

Cet homme à qui vous fîtes témoigner votre satisfaction par le duc de Rovigo et qui, après la campagne, vint prendre sa place à Gênes où il est par conséquent depuis plus de six ans, et où il a rendu, à la vérité avec moins d'éclat, tous les services qui ont dépendu de lui ;

Cet homme enfin qui croit avoir fait son devoir, se prosterne à vos pieds, Sire, et vient vous demander une grâce :

C'est de l'appeler encore auprès de vous et de l'employer de nouveau au poste le plus périlleux dans la guerre qui semble se préparer.

Il a pris la liberté de vous soumettre la même prière à toutes les campagnes qui ont eu lieu depuis six ans qu'il languit à Gênes, notamment à celle de Wagram. Sa pétition, qu'il avait adressée alors au duc de Rovigo, ne vous fut pas remise par une fatalité que le duc lui-même aura la bonté de vous expliquer si vous le lui prescrivez.

Cet homme qui a épousé la fille du général de division Montchoisy et pour le mariage duquel vous avez daigné écrire à ce général la lettre dont copie est ci-jointe [2], et dont les

[1] Tous ces faits sont contrôlables.

[2] Saint-Cloud, le 16 juillet 1806.

Au général Montchoisy.

Monsieur le général Montchoisy,

J'ai appris avec plaisir le mariage de votre fille * avec un homme que j'estime et dont je connais l'attachement à ma personne.

Sur ce je prie Dieu, etc. NAPOLÉON.

* Zénaïde Choin Montgay de Montchoisy, fille du général commandant la division à Gênes.

expressions pleines de bonté sont une véritable récompense;

Cet homme, qui n'a aujourd'hui que la fortune médiocre qu'il possédait il y a neuf ans lorsqu'il commença à donner des preuves signalées de son dévouement,

est sans titre, sans dotation, sans décoration....

Il ne demande cependant rien autre chose, il le répète, que l'honneur d'être appelé de nouveau au milieu des dangers et d'exposer sa vie pour le service de son Souverain adoré. Il se croira alors le plus fortuné des hommes.

Daignez, Sire, me faire donner vos ordres sur l'objet de mon humble prière et agréer....

JOLICLERC.

Joliclerc n'obtint pas ce qu'il sollicitait si ardemment.

L'année suivante, ayant commis l'imprudence, pour des motifs mal définis, d'inventer une petite conspiration, mais surtout parce que sa brouille avec son beau-père rendait sa situation intolérable, il fut transféré à Bordeaux le 25 janvier 1813, d'où la Restauration le chassa. Réfugié à Nîmes, il y fut arrêté le 24 mars 1815, sur l'ordre du duc d'Angoulême, et incarcéré au fort de la Malgue à Toulon. Napoléon ne pouvait l'oublier à son retour de l'île d'Elbe, aussi le fit-il en toute hâte délivrer pour le nommer lieutenant général de police à Toulon même, et la seconde Restauration ne dédaigna pas de lui conserver ce poste pendant un certain temps.

Enfin, retiré au château de Collias qu'il avait acheté dans le Gard, il devint maire de cette commune et y mourut le 19 mars 1836, âgé de soixante-six ans[1].

[1] Il était veuf depuis plusieurs années.

Sa fille, Lucie-Louise-Gabrielle, épousa en secondes noces à l'âge de trente-trois ans, le 17 janvier 1842, à Florence, Augustin-Jean-Baptiste-Louis-Marie, comte de Chazelles, ancien préfet, ancien gentilhomme de la chambre du roi, ancien maître des requêtes au conseil d'État, dont le père, Jacques-Louis, comte de Chazelles, fut à Gratz chevalier d'honneur de la duchesse de Berry !

BESANÇON. — IMPRIMERIE JACQUIN.

www.ingramcontent.com/pod-product-compliance
Ingram Content Group UK Ltd.
Pitfield, Milton Keynes, MK11 3LW, UK
UKHW032039260826
14628UKWH00007B/3061

9 782011 941473